A Kalmus Classic Edition

Jacques

MAZAS

ELEMENTARY DUETS

Opus 86

VIOLIN I

K 02088

Kalmus

⊓ = Herunterstrich, tiré, down bow.

V = Heraufstrich, poussé, up bow.

ELEMENTARY DUETS

Opus 86

VIOLIN I

JACQUES MAZAS

VIOLIN I

VIOLIN I

VIOLIN I

Andante con simplicità.
dolce
p
f
N
O
P
2da Corda
dim.
morendo
ppp

FINALE.
Allegro militare.

VIOLIN I

Allegro maestoso.
2.
f
dolce
p
A
f
f
f
B
p grazioso
p
dolce
p
dolce
p
dolce
C
p
mf
p
f
D
f
p
f

VIOLIN I

VIOLIN I

Andante con moto.
sempre dolce
L
M
dolce
N
dolce
O
dolce
P
dolce

VIOLIN I

BOLERO.

Allegro maestoso.

VIOLIN I

Allegro ben marcato.

VIOLIN I

VIOLIN I

VIOLIN I

Andante grazioso.

ALLEMANDE.

VIOLIN I

Allegro moderato.

VIOLIN I

VIOLIN I

VIOLIN I

LA CONVERSATION.

Allegretto affettuoso.

VIOLIN I

VALSE.

VIOLIN I

Molto moderato e grazioso.

VIOLIN I

Andante sostenuto.
5.
A
B
dolce
C
D
sempre staccato
E
cresc.
dim.
attacca

VIOLIN I

Allegro.
p
F
f
p
f
p
p
cresc.
f
MENUETTO.
Allegro moderato.
f
p
f
p
G
cresc.
f
f
p
H
f
p
cresc.
f
I
f

VIOLIN I

VIOLIN I

p
N
cresc.
f
mf
O
f
rf
mf
p
p
cresc.
f
sf
P
mf
dimin.
p
Q
ff
p
pp
f
sf
dimin.
R
f
fz
dimin.
p
S
ff
p
p
f
p
f
p

VIOLIN I

VIOLIN I

Allegro maestoso.

6.

VIOLIN I

VIOLIN I

Andante.
dolce
K
cresc.
L
p
pp
smorzando
ppp
Allegro vivace.
f
p
cresc.
f
M
p
cresc.
f
p
N
dolce
f
dolce
P

VIOLIN I

VIOLIN I

Allegro moderato.
7.
dolce
cresc.
A
p
cresc.
dolce
mf
cresc.
mf
dim.
B
p
p
f
p
cresc.
mf
f
C
dolce
rf
D
dolce

VIOLIN I

VIOLIN I

VIOLIN I

VIOLIN I

RONDO.
Allegretto.
grazioso
grazioso
grazioso
P
Q
più mosso
cresc.
R
cresc.

Allegro moderato.
8.
dolce
p
A
B
cresc.
p dolce
C
cresc.
f

p dolce
dolce
D
p
mf
cresc.
E
f
poco ritard.
dim.
p
a tempo
dolce
F
f
f
f
f
p
G
f
f

cresc.
Allegro vivo,quasi presto.
A
B
C
D
cresc.
cresc.

VIOLIN I

H
p
cresc.
f
I
mf
mf
K
f
ff
Allegro furioso.
9.
f
f
f
A
B
ff
f
ff
attacca

VIOLIN I

Andantino grazioso. (♩.= 52.)
dolce
C pizz.
arco
calando
pizz.
arco
dolce
calando
D
IIª C.
cresc.
f
dolce
E
cresc.
f
dim.
poco rit.
F a tempo
p
dim.
pp
mf
poco rit.

VIOLIN I

VIOLIN I

p
dolce
p
grazioso
p
M
mf
cresc.
f
Andante.
dolce
attacca

VIOLIN I

Allegretto.(Tempo molto moderato.)
grazioso
dim.
pp
grazioso
cresc.
p
dim.
pp
cresc.
f
ff

A Kalmus Classic Edition

Jacques

MAZAS

ELEMENTARY DUETS

Opus 86

VIOLIN II

K 02088

Kalmus

⊓ = Herunterstrich, tiré, down bow.

V = Heraufstrich, poussé, up bow.

ELEMENTARY DUETS

Opus 86

VIOLIN II

JACQUES MAZAS

VIOLIN II

VIOLIN II

VIOLIN II

VIOLIN II

FINALE.

Allegro militare.

VIOLIN II

VIOLIN II

VIOLIN II

Andante con moto.
sempre dolce
L
M
N
dolce
O
dolce
mf
P
dolce
dolce

VIOLIN II

BOLERO.

Allegro maestoso.

VIOLIN II

D
cresc.
cresc.
E
cresc.
F
G

VIOLIN II

H
sf
f
sf
sf
f
f
f
Andante grazioso.
dolce
dolce
I
dolce
mf dim.
dolce

VIOLIN II

K
dolce
1
mf
3
pp
dolce
L
dim. sempre
4
0
1
pp
pp
ALLEMANDE.
Allegro moderato.
mf
0
f
M
mf

VIOLIN II

VIOLIN II

VIOLIN II

LA CONVERSATION. VIOLIN II

Allegretto affettuoso.

VIOLIN II

VALSE.

Molto moderato e grazioso.

VIOLIN II

Andante sostenuto.
5.
f
p
A
dolce
B
C
D
ff
fz
E
cresc.
dim.
dolce
attacca
pp

VIOLIN II

VIOLIN II

VIOLIN II

VIOLIN II

VIOLIN II

VIOLIN II

VIOLIN II

VIOLIN II

VIOLIN II

VIOLIN II

Allegro moderato
7.
p
cresc.
A
dolce
cresc.
dolce
mf
cresc.
mf
dim.
p
B
dolce
p
f
p
cresc.
mf
f
C
p

VIOLIN II

VIOLIN II

MARCHE TURQUE.

Allegro vivace.

VIOLIN II

VIOLIN II

VIOLIN II

VIOLIN II

VIOLIN II

VIOLIN II

VIOLIN II

Allegro furioso.
9.
A
B
attacca
Andantino grazioso.
pizz.
arco
pizz.
arco
C
dolce
calando
pizz.
arco

VIOLIN II

calando
pizz.
arco
D
dolce
pizz.
cresc.
arco
f
dolce
E
cresc.
f
poco rit.
F
a tempo
dolce
dim.
pp
poco rit.

VIOLIN II

VIOLIN II

VIOLIN II

Andante.
attacca
Allegretto. (Tempo molto moderato.)
grazioso
grazioso
N

VIOLIN II